L'union fait la "Cortex"... La Force est là ! Guide de la Force Individuelle et de l'Union Consciente pour Créer un Avenir Positif

Préface

Bienvenue dans un voyage d'exploration intérieure et collective, un parcours à travers le pouvoir de la force individuelle et l'art de l'union consciente. Dans ce livre, intitulé "L'union fait la 'Cortex'... La Force est là !", nous plongerons dans des concepts profonds et transformateurs visant à éclairer le chemin vers un avenir positif.

La philosophie clé qui guide cette exploration est encapsulée dans le dicton "L'union fait la 'Cortex'... La Force est là !" Une perspective qui non seulement défie le concept traditionnel de force découlant de l'unité, mais révèle une vérité plus profonde : la force réside déjà en nous. L'unité, lorsqu'elle est guidée par des principes positifs, devient la "cortex" qui protège et préserve l'avenir de la création positive.

Ces pages sont une invitation à explorer la force qui réside en vous, à faire des choix éclairés qui façonnent non seulement votre destin personnel mais contribuent également au bien commun. Chaque chapitre est un morceau de connaissance, une opportunité de réflexion et de croissance.

De la reconnaissance de la force individuelle à la critique constructive du dicton populaire "L'union fait la force", de l'approfondissement du concept de force comme un choix conscient à la prise de conscience des dangers de l'agrégation négative, ce livre offre un voyage riche en idées pour la transformation personnelle et collective.

À travers la beauté de l'union positive, l'analyse de la mafia mentale et des émotions destructrices, et la défense de la force individuelle contre les agrégations négatives, nous explorerons comment chaque individu peut contribuer à la création d'une société plus positive.

La transformation de l'énergie négative selon la philosophie argentine, la création de la "cortex" qui protège l'avenir, et les stratégies de défense contre les attaques des agrégations négatives sont des étapes fondamentales dans le parcours proposé.

Nous concluons notre voyage par une invitation à reconnaître que la force est un voyage, et non une destination. Chaque choix, chaque action contribue à la trame de notre histoire personnelle et collective. La force est en vous, prête à vous guider vers un avenir positif.

Considérez ce livre non seulement comme un guide, mais comme un compagnon de voyage. Que chaque page soit une source d'inspiration, un appel à l'action, et un rappel que la force est un don intrinsèque qui, lorsqu'elle est cultivée avec conscience, éclaire le chemin vers un avenir de croissance, prospérité et bien commun.

Bon voyage !

Federico Carminati Auteur

Chapitre 1 : Introduction - L'Art de la Force Individuelle

Dans le vaste théâtre de la vie, chaque individu est appelé à jouer son propre rôle avec une force unique et irrépétable. L'essence de cette force réside dans la conscience de soi et la capacité de faire des choix éclairés, transformant ainsi son existence en une œuvre d'art en constante évolution.

La Force comme Expression Individuelle :

Dans un monde souvent caractérisé par la frénésie et les pressions extérieures, il est essentiel de reconnaître le potentiel intrinsèque de chaque individu. La force individuelle n'est pas simplement une caractéristique, mais plutôt une opportunité d'exprimer son unicité et son authenticité.

C'est l'art de façonner son destin à travers des choix réfléchis, des actions résolues et des résultats positifs.

Développer la Force à travers des Choix Conscients :

La force individuelle se nourrit de choix conscients. Chaque décision, grande ou petite, est un pinceau qui peint le tableau de notre existence. En reconnaissant le pouvoir de nos choix, nous sommes capables de façonner notre parcours de manière à refléter notre authenticité et à nous guider vers une réalisation plus profonde.

L'Art des Actions Résolues :

Les actions sont le moyen par lequel la force individuelle trouve son expression tangible dans le monde. Affronter les défis avec détermination, poursuivre des objectifs avec passion et agir de manière résolue sont les pinceaux qui créent les traits distinctifs de notre œuvre d'art personnelle. Chaque action positive contribue à un crescendo de force qui imprègne notre vie.

Résultats Positifs : La Manifestation de la Force :

La force individuelle atteint son apogée dans les résultats positifs que nous générons. La réalisation d'objectifs, la création d'impacts significatifs et la construction de relations saines sont des témoignages tangibles de la force qui coule en nous. Ces résultats non seulement enrichissent notre vie, mais éclairent aussi le chemin pour les autres.

L'Invitation à l'Art de la Force Individuelle :

Ce livre est une invitation à entreprendre un voyage de découverte personnelle, à reconnaître sa propre force comme une forme d'art en constante évolution. À travers l'exploration de concepts, d'histoires et d'exemples pratiques, nous plongerons dans les profondeurs de la conscience individuelle, ouvrant les portes à la création d'un chef-d'œuvre unique.

Préparons-nous à dévoiler les secrets de l'art de la force individuelle, car chaque page de ce livre sera une toile blanche sur laquelle peindre notre chemin unique et irrépétable dans la recherche de la force intérieure.

Chapitre 2 : L'Illusion du Proverbe Populaire : "L'union fait la force"

Dans le vaste répertoire des proverbes populaires qui ont façonné notre perception de la réalité, peu sont aussi enracinés dans notre culture que l'ancien adage "L'union fait la force". Cependant, derrière sa sagesse apparente se cache une illusion qui peut conduire à des résultats néfastes lorsque l'union est dépourvue de principes positifs et nobles.

La Vision Traditionnelle : Une Union Noble et Constructive :

Commençons par reconnaître le côté positif de ce proverbe populaire. L'idée d'unir les forces pour affronter des défis communs, construire des communautés et travailler ensemble pour le bien commun est intrinsèquement valable. Cependant, comme toute épée à double tranchant, la force de l'union peut être déformée lorsqu'elle n'est pas guidée par des principes positifs.

L'Illusion de l'Aggrégation Négative : Mafia Mentale et Émotions Destructrices :

L'union n'est pas automatiquement synonyme de force positive. Dans de nombreux contextes, l'agrégation négative peut se manifester sous la forme d'une "mafia mentale", où des groupes d'individus se rassemblent non pas pour poursuivre des objectifs nobles, mais pour alimenter des émotions destructrices telles que l'envie, la colère et la jalousie. De cette manière, l'unité devient une arme contre ceux qui se distinguent par leur intelligence ou leur succès, créant une spirale négative de comportements nuisibles.

**Le Risque de
l'Homogénéisation : Renoncer à
l'Individualité :**

Un autre piège insidieux de
l'union non guidée par des
principes positifs est
l'homogénéisation.

Lorsque les individus s'unissent
sans maintenir leur individualité et
autonomie de pensée, le résultat
peut être la perte de l'unicité qui
les caractérise. Ce phénomène
peut conduire à une sorte de
"pensée de groupe" qui supprime
la créativité et l'innovation.

**Leçon de l'Evil Union : Quand
l'Unité est Destructrice :**

Examinons de près des exemples
historiques et contemporains où
l'union a été utilisée comme un
outil de destruction. Des sectes
de pensée unique aux
organisations criminelles, ces cas
démontrent comment l'union sans

principes positifs peut devenir une force obscure, capable de miner la stabilité et le bien-être.

La Nouvelle Interprétation : Guider l'Union avec des Principes Nobles :

Nous devons réécrire le proverbe populaire pour l'adapter à une vision plus complète et positive : "L'union fait la 'Cortex'... La Force est là !" Cela suggère que la force est déjà présente en chaque individu, et l'union peut devenir une cortex protectrice lorsqu'elle est guidée par des principes nobles. L'union doit être une arme pour le bien, et non pour le mal.

Guide à la Réflexion : La Force Individuelle comme Précondition à l'Union :

Nous concluons le chapitre en invitant les lecteurs à réfléchir sur leur force individuelle avant de rechercher l'union avec les autres. Seuls les individus conscients de leur propre force peuvent contribuer à une union positive et constructive. La force individuelle doit précéder et guider l'union, créant ainsi une base solide pour la création d'un monde meilleur.

Dans ce chapitre, nous avons examiné au-delà de la surface du proverbe populaire, révélant les nuances sombres d'une unité non guidée par des principes nobles. La vraie force ne réside pas seulement dans l'union, mais dans la conscience et le guidage de principes positifs qui peuvent transformer l'agrégation en une force constructive et bénéfique pour tous.

Chapitre 3 : La Force comme Choix Conscient : Le Pouvoir de la Conscience

La véritable force, celle qui imprègne chaque aspect de notre existence, réside dans l'éveil de la conscience. Dans ce chapitre, nous explorerons comment la conscience de soi est le fondement sur lequel repose la force individuelle, transformant les choix quotidiens en une œuvre d'art qui marque le chemin de notre vie.

La Conscience comme Clé de Lecture de l'Existence :

Imaginons la conscience comme une lumière pénétrante qui dissipe les ombres de l'ignorance. Elle nous permet de regarder en nous, de comprendre nos pensées, nos émotions et nos actions avec une clarté qui va au-delà de la surface. La conscience est la clé de lecture de l'existence, un phare qui éclaire chaque coin de notre être.

Reconnaître sa Propre Force Intérieure :

La conscience de soi est le premier pas pour reconnaître la force qui réside en chacun de nous. C'est la capacité d'observer sans juger, d'accepter nos faiblesses et, en même temps, de reconnaître nos potentiels latents. Lorsque nous devenons conscients de notre force intérieure, nous pouvons commencer à façonner notre destin avec des choix éclairés.

Choisir avec Intention : L'Art des Choix Éclairés :

La force n'est pas seulement une caractéristique statique ; elle est dynamique et se manifeste à travers les choix que nous faisons chaque jour. Les choix éclairés sont ceux faits avec intention et conscience. Au lieu d'agir de manière impulsive ou réactive, nous abordons les décisions avec une attention réfléchie, en considérant les conséquences et l'impact sur notre vie et sur celle des autres.

La Force de la Résilience : Accepter et Grandir :

La conscience nous confère la capacité de relever les défis avec résilience. Quand nous comprenons pleinement nos capacités et nos limites, nous sommes en mesure d'accepter les adversités sans succomber. La résilience est une manifestation tangible de la force intérieure, car elle nous permet de transformer les épreuves de la vie en opportunités de croissance.

L'Authenticité comme Manifestation de la Force :

La conscience nous guide aussi vers l'authenticité. Être vrai avec soi-même nécessite une profonde conscience de nos croyances, valeurs et aspirations. Lorsque nous vivons en harmonie avec notre authenticité, nous devenons une force irrésistible qui influence positivement les autres et le monde qui nous entoure.

Pratiquer la Pleine Conscience : L'Entraînement de la Force Intérieure :

La conscience peut être cultivée à travers la pratique de la pleine conscience. Elle nous enseigne à vivre dans le moment présent, à être conscients de nos expériences sans être submergés par le passé ou préoccupés par l'avenir. La pleine conscience est un entraînement pour la force intérieure, qui nous aide à maintenir le calme, la clarté et la sagesse dans les situations les plus complexes.

Conclusion : Illuminer le Chemin de la Force :

En conclusion, la force individuelle trouve sa racine dans la conscience de soi. Ce chapitre est une invitation à explorer le pouvoir de la conscience, à reconnaître la force intérieure qui réside déjà en chacun de nous. Seulement à travers des choix éclairés, faits avec intention et conscience, pouvons-nous transformer notre vie en un chef-d'œuvre en constante évolution, alimenté par la lumière brillante de notre force intérieure.

Chapitre 4 : Le Danger de l'Aggrégation Négative : Mafia Mentale et Émotions Destructrices

En analysant l'aggrégation négative, nous entrons dans un territoire complexe et souvent obscur, où les connexions entre individus peuvent se transformer en une force destructrice. Dans ce chapitre, nous examinerons attentivement comment l'aggrégation négative, alimentée par des émotions destructrices, peut donner naissance à des comportements nuisibles, menant à la formation de ce que nous pouvons appeler une "mafia mentale".

La Formation de la Mafia Mentale : Un Pacte Obscur :

L'aggrégation négative commence avec des individus qui partagent des émotions négatives telles que l'envie, la colère ou le ressentiment. Ces émotions deviennent le liant qui maintient le groupe ensemble, formant une "mafia mentale". Dans ce pacte obscur, les individus convergent pour poursuivre un objectif commun : nuire, supprimer ou détruire quelqu'un ou quelque chose qu'ils perçoivent comme une menace.

Émotions Destructrices comme Carburant :

Les émotions destructrices, telles que l'envie et la colère, agissent comme carburant pour l'aggrégation négative. L'envie peut se transformer en un désir malsain de rabaisser les autres, tandis que la colère devient un catalyseur pour des actions

vengeresses. Ces émotions,
lorsqu'elles sont cultivées
collectivement, alimentent la
machine de la "mafia mentale", la
rendant de plus en plus puissante
dans la poursuite de ses objectifs
destructeurs.

**Le Cycle Vicieux de l'Esprit
Collectif :**

L'aggrégation négative crée un
cycle vicieux au sein de la "mafia
mentale". Les individus partagent
et renforcent leurs émotions
destructrices à travers la
communication et l'interaction
constante. Le groupe devient un
terrain fertile pour la culture
d'idées et de plans malveillants,
alimentant davantage le cycle
destructeur.

**La Résonance des Émotions
Négatives :**

L'aggrégation négative crée une
résonance d'émotions négatives
au sein du groupe. Les émotions

s'intensifient par le biais du feedback mutuel, se transformant en une force perturbatrice qui guide les actions du collectif. L'esprit collectif se nourrit de ces émotions, poussant le groupe vers des comportements de plus en plus nuisibles.

Le Rôle de l'Identité de Groupe :

L'identité de groupe au sein de la "mafia mentale" devient un élément clé. Les individus renforcent leur appartenance au groupe, s'identifiant de plus en plus à l'objectif commun. Cette identité de groupe peut éclipser l'individualité, conduisant à une cécité collective face aux conséquences morales de leurs actions.

**Les Conséquences de
l'Aggrégation Négative :
Destruction et Souffrance :**

L'aggrégation négative,
lorsqu'elle évolue en une "mafia
mentale", entraîne inévitablement
des conséquences destructrices.
L'objectif commun du groupe
peut se manifester à travers des
actions nuisibles envers des
individus, des organisations ou
des idées considérées comme
hostiles. Ces actions peuvent
causer de la souffrance, détruire
des réputations et mettre en péril
la stabilité sociale.

**Stratégies de Défense : Briser
le Cycle de l'Aggrégation
Négative :**

Nous concluons en explorant des
stratégies de défense contre
l'aggrégation négative. Ces
stratégies incluent la promotion
de la conscience individuelle des
émotions, l'éducation à la gestion
des émotions destructrices et la

création de communautés basées sur des valeurs positives. Briser le cycle de l'aggrégation négative nécessite un engagement collectif pour promouvoir la conscience et construire une culture de respect mutuel.

Dans ce chapitre, nous avons sondé les profondeurs du danger associé à l'aggrégation négative, soulignant comment les émotions destructrices et l'identité de groupe peuvent converger vers des comportements nuisibles. Comprendre cette dynamique complexe est essentiel pour développer des défenses efficaces et promouvoir une société basée sur la coopération positive plutôt que sur la destruction mutuelle.

Chapitre 5 : La Beauté de l'Union Positive : Choix Nobles et Objectifs Communs

Dans un monde souvent caractérisé par des tensions et des conflits, l'aspect positif de l'agrégation émerge lorsqu'elle est guidée par des valeurs nobles et des objectifs communs. Dans ce chapitre, nous explorerons la beauté de l'union positive, analysant comment des choix éclairés et des intentions altruistes peuvent façonner un avenir basé sur la coopération, contribuant au bien commun.

La Guide des Valeurs Nobles :

L'union positive commence avec la guide de valeurs nobles. Lorsque les individus s'unissent avec le respect, l'intégrité et l'empathie comme fondements, l'agrégation devient un véhicule

pour le progrès et la croissance.
La beauté de l'union réside dans
la construction de relations
fondées sur la confiance mutuelle
et le partage de principes
éthiques.

**Choix Éclairés : Un Art en
Évolution :**

L'union positive se manifeste à
travers des choix éclairés, où
chaque décision est imprégnée
de conscience et de
responsabilité. Les choix éclairés
reflètent la beauté des individus
qui, tout en préservant leur propre
individualité, collaborent pour le
bien commun. Chaque choix
devient une œuvre d'art en
évolution, façonnée par la
conscience de l'impact sur la
communauté et sur le monde.

**L'Harmonie des Objectifs
Communs :**

La beauté de l'union positive
s'étend lorsque les individus

convergent vers des objectifs communs. Ces objectifs ne sont pas égoïstes ou limités au seul individu, mais visent plutôt à l'amélioration collective. L'harmonie des objectifs communs crée une symphonie d'actions coordonnées qui contribuent au bien commun, élevant la qualité de vie pour tous.

La Beauté de la Contribution Altruiste :

L'union positive trouve sa plus grande expression dans la contribution altruiste. Lorsque les individus s'unissent pour servir les autres sans rien attendre en retour, ils ouvrent la voie à une beauté profonde et significative. Cet esprit altruiste crée un tissu social où la gentillesse, la solidarité et la compassion deviennent les étoiles guides.

Le Bénéfice Collectif : Un Message d'Espoir :

L'union positive crée un cercle vertueux de bénéfices collectifs. Lorsque les individus s'unissent pour poursuivre des objectifs positifs, les résultats se reflètent dans une amélioration tangible de la qualité de vie pour tous. C'est un message d'espoir qui indique la possibilité de construire un avenir où l'agrégation est synonyme de progrès et de bien-être.

La Force de la Diversité dans l'Union Positive :

Nous explorons comment la diversité, lorsqu'elle est embrassée positivement, devient une force dans l'union. La beauté de l'agrégation positive se manifeste pleinement lorsque des individus avec des perspectives différentes s'unissent, apportant une richesse d'idées, de cultures et de compétences. Cette diversité devient la sève vitale qui alimente l'innovation et l'évolution.

Défis et Stratégies pour une Union Positive Durable :

Nous affrontons les défis qui peuvent émerger même dans l'union positive et proposons des stratégies pour les surmonter. La conscience des défis potentiels, comme la gestion des conflits et la préservation de l'individualité, est fondamentale pour garantir une union positive durable et significative.

Conclusions : La Beauté d'un Monde Uni pour le Bien Commun :

Nous concluons ce chapitre en ouvrant une fenêtre sur la beauté d'un monde où l'union est guidée par des choix nobles et des objectifs communs. La beauté réside dans l'art de créer un avenir où l'agrégation positive est un phare d'espoir, une opportunité de construire un monde meilleur pour les générations présentes et futures.

À travers l'exploration de la beauté de l'union positive, nous nous approchons d'un cadre de coexistence basé sur la coopération, l'amour et l'altruisme, où la force de l'agrégation devient une force pour le bien commun.

Chapitre 6 : La Défense de la Force Individuelle : Résister à l'Aggrégation Négative

Sur le chemin de la vie, les individus sont souvent confrontés à des défis provenant d'agrégations négatives. Dans ce chapitre, nous explorerons des stratégies pour la défense de la force individuelle, en fournissant aux individus bons les outils nécessaires pour résister aux attaques des agrégations négatives et transformer l'énergie négative en une force positive.

Comprendre les Dynamiques de l'Aggrégation Négative :

La première étape dans la défense de la force individuelle est de comprendre les dynamiques de l'aggrégation négative.

Nous analyserons comment les individus malintentionnés s'unissent pour poursuivre des objectifs nuisibles et comment ces agrégations peuvent influencer négativement la vie des individus positifs. La conscience est la base sur laquelle construire une défense efficace.

Renforcer la Force Intérieure :

La défense de la force individuelle commence par le renforcement de la force intérieure. Les individus bons doivent cultiver une conscience approfondie de leurs propres capacités, valeurs et objectifs. Ce processus d'autoconnaissance fournit une base solide sur laquelle résister aux influences négatives externes, en maintenant fermement leur propre identité et intégrité.

Développer une Mentalité Résiliente :

La résilience est l'une des armes les plus puissantes dans la défense contre l'aggrégation négative. Nous explorerons comment développer une mentalité résiliente qui permet aux individus de faire face aux défis sans succomber. La résilience aide à transformer les difficultés en opportunités de croissance, en préservant la force individuelle même dans les moments les plus difficiles.

Gérer les Émotions Négatives : Transformer l'Énergie :

Les émotions négatives peuvent être comme des flèches lancées par des agrégations négatives. Nous examinerons des stratégies pour gérer ces émotions de manière saine et transformatrice. La transformation de l'énergie négative en positive est un acte de résistance et d'autodéfense qui permet aux individus bons de maintenir leur clarté mentale et leur force d'âme.

Savoir Dire Non : Imposer des Limites Saines :

La défense de la force individuelle nécessite la capacité de dire non lorsque c'est nécessaire. Nous explorerons l'art d'imposer des limites saines, en reconnaissant quand une participation à une agrégation pourrait être nuisible. Imposer des limites claires est essentiel pour préserver sa propre intégrité et protéger la force individuelle.

Chercher le Soutien Positif : Construire des Alliances Saines :

La force individuelle trouve un soutien dans l'agrégation positive. Nous examinerons comment chercher le soutien d'individus positifs et construire des alliances saines peut renforcer la résistance

contre les agrégations négatives.
L'union avec des personnes
partageant des valeurs similaires
crée un bouclier protecteur contre
les influences nuisibles.

**S'éduquer sur les Tactiques
Manipulatrices : Être Vigilant et
Préparé :**

Une défense efficace nécessite la
connaissance des tactiques
manipulatrices utilisées par les
agrégations négatives. Les
individus bons doivent être
vigilants et préparés, en
s'éduquant sur les stratégies
manipulatrices qui pourraient être
adoptées. La conscience est la
première ligne de défense contre
les attaques cherchant à miner la
force individuelle.

**Cultiver la Compassion comme
Bouclier :**

La compassion est un puissant
bouclier contre l'agression des
agrégations négatives. Nous

explorerons comment cultiver la compassion envers soi-même et les autres peut neutraliser l'énergie
négative, la transformant en un moteur de connexion et de guérison. La compassion est une force qui élève la force individuelle, la rendant immunisée contre les intentions négatives.

Conclusions : Une Défense Vigilante pour la Force Individuelle:

En conclusion, la défense de la force individuelle est un processus continu et conscient. Les individus bons doivent être vigilants, préparés et engagés dans la culture d'une force à l'abri des influences nuisibles. Ce chapitre offre un arsenal de stratégies pour résister à l'aggrégation négative et transformer les défis en opportunités de croissance et d'affirmation de sa propre force individuelle.

Chapitre 7 : La Transformation de l'Énergie Négative : De Quelque Chose de Mauvais à Quelque Chose de Bon

Dans la culture argentine, il existe une philosophie puissante et empreinte de sagesse qui dit "Algo malo, in algo bueno", ce qui se traduit par "De quelque chose de mauvais à quelque chose de bon". Dans ce chapitre, nous explorerons en profondeur cette philosophie et comment la transformation de l'énergie négative peut conduire à des victoires à long terme. Nous découvrirons des stratégies pour adopter cette approche dans la vie de tous les jours.

Comprendre l'Essence de "De Quelque Chose de Mauvais à Quelque Chose de Bon" :

Le cœur de cette philosophie réside dans la capacité de transformer les expériences négatives en opportunités de croissance et de changement positif. Nous commençons par une analyse détaillée de la manière dont la perspective argentine peut informer nos actions quotidiennes, nous poussant à voir au-delà des adversités initiales.

La Force de la Perspective Optimiste :

La perspective optimiste est le point de départ crucial dans la transformation de l'énergie négative. Nous examinerons comment développer une attitude qui, même face aux défis, voit le potentiel pour quelque chose de positif. Cela ne signifie pas nier la réalité, mais plutôt adopter un filtre qui nous permet d'extraire des enseignements positifs des situations difficiles.

La Créativité dans l'Affrontement des Adversités :

Nous explorerons comment la créativité peut être une ressource précieuse dans la transformation de l'énergie négative. L'approche créative nous permet de trouver des solutions innovantes aux problèmes, transformant les obstacles en opportunités. La créativité devient ainsi un allié puissant dans le processus de transformation.

La Résilience comme Fondement de la Transformation :

La résilience est un élément clé dans la confrontation à l'énergie négative et sa transformation en quelque chose de positif. Nous analyserons comment développer la résilience est essentiel pour surmonter les adversités et comment cette attitude peut mener à des victoires à long terme. La résilience est la flexibilité qui nous permet de nous plier, mais pas de nous briser face aux difficultés.

Le Pouvoir de la Réflexion :

La philosophie argentine suggère que réfléchir sur les expériences négatives est une étape fondamentale dans la transformation de l'énergie. Nous explorerons comment une réflexion approfondie sur les circonstances difficiles peut nous aider à mieux nous comprendre, à apprécier les leçons apprises et à tirer profit des défis.

La Vision à Long Terme :

L'une des caractéristiques les plus puissantes de "De Quelque Chose de Mauvais à Quelque Chose de Bon" est sa connexion avec une vision à long terme.

Nous analyserons comment cette perspective peut guider nos actions quotidiennes, nous incitant à ne pas nous concentrer seulement sur la défaite immédiate, mais plutôt sur la victoire à long terme qui peut émerger de la transformation de l'énergie négative.

Stratégies Concrètes pour la Transformation :

Nous offrons des stratégies concrètes pour mettre en œuvre la philosophie argentine dans la vie quotidienne. Ces stratégies incluent des pratiques de pleine conscience, des techniques de gestion du stress et l'adoption d'une approche proactive dans la recherche d'opportunités de croissance même dans les situations les plus difficiles.

**Histoires de Succès :
Transformations Inspirantes :**

Nous concluons le chapitre avec
des histoires de succès qui
illustrent comment des individus
ont transformé des situations
apparemment négatives en
résultats positifs. Ces histoires
servent d'inspiration, démontrant
le potentiel transformateur de la
philosophie "De Quelque Chose
de Mauvais à Quelque Chose de
Bon".

À travers l'exploration
approfondie de la philosophie
argentine, nous apprenons que la
transformation de l'énergie
négative nécessite une
perspective ouverte, de la
créativité, de la résilience et une
vision à long terme. Cette
approche ne nous aide pas
seulement à surmonter les
adversités, mais nous guide
également vers des victoires
durables qui émergent de l'acte
même de transformer l'énergie

négative en quelque chose de
bon.

Chapitre 8 : La Création de la "Cortex" : Protéger l'Avenir de la Création Positive

Nous entrons maintenant dans la phase cruciale de notre exploration, où nous aborderons la question de comment les individus conscients de leur force peuvent s'unir pour créer une "cortex" protectrice, sauvegardant ainsi l'avenir de leur création positive. Nous examinerons comment cette "cortex" peut servir de rempart contre les influences négatives et préserver l'impact positif des actions collectives.

La Conscience de la Force Individuelle :

Nous commençons par souligner l'importance de la conscience de la force individuelle. Les individus doivent reconnaître et embrasser leur force intrinsèque, comprenant comment leurs choix, actions et résultats impactent non seulement leur propre vie mais aussi le tissu social plus large. Cette conscience constitue le fondement sur lequel construire la "cortex" protectrice.

L'Union Consciente pour des Objectifs Nobles :

L'agrégation consciente doit être guidée par des objectifs nobles. Nous explorerons comment les individus conscients de leur force peuvent s'unir de manière délibérée, en sélectionnant soigneusement des partenaires d'agrégation et en partageant une vision commune. Cette union consciente est la première couche de la "cortex" qui protégera la création positive.

**Le Partage de Principes
Éthiques :**

La "cortex" protectrice est
renforcée par le partage de
principes éthiques solides. Les
individus doivent s'engager à
suivre des valeurs telles que
l'intégrité, la bienveillance et la
responsabilité. Ces principes
deviennent le ciment qui lie la
"cortex" et assure sa résistance
aux pressions négatives externes.

**La Communication Ouverte et
Constructive :**

Nous examinons le rôle crucial de
la communication ouverte et
constructive au sein de la
"cortex" protectrice. Les individus
doivent être capables d'exprimer
des idées, des préoccupations et
des objectifs de manière claire et
respectueuse. Une
communication efficace est un
élément clé pour la construction
d'une "cortex" forte et résiliente.

**Le Culte de la Résilience
Collective :**

La résilience collective est un
élément fondamental dans la
protection de l'avenir de la
création positive. Nous
explorerons comment les
individus au sein de la "cortex"
peuvent se soutenir mutuellement
dans les moments difficiles, en
partageant les leçons apprises et
en transformant les défis en
opportunités de croissance. La
résilience collective est le tissu
conjonctif qui maintient la
"cortex" intacte.

**L'Adaptabilité à la Complexité
du Contexte :**

La création de la "cortex" doit
être adaptable à la complexité du
contexte environnant. Les
individus doivent être capables de
réviser et d'adapter leurs
stratégies de protection en
réponse aux changements et aux
nouveaux défis. L'adaptabilité est

un élément clé pour garantir que
la "cortex" reste efficace dans le
temps.

La Valorisation de la Diversité :

Nous explorons comment la
valorisation de la diversité peut
contribuer à la solidité de la
"cortex". La diversité des
perspectives, des compétences
et des expériences enrichit la
"cortex", la rendant plus
résistante et capable de faire face
à une variété de situations. La
valorisation de la diversité est un
investissement dans la
robustesse de la protection.

Durabilité dans le Temps :

La "cortex" doit être durable dans
le temps. Les individus
conscients de leur force doivent
s'engager à maintenir et à
renforcer la "cortex" au fil du
temps, garantissant qu'elle
continue à protéger la création
positive à long terme. Cela

nécessite un engagement
constant et une vigilance
partagée.

**Contribution Positive à la
Société :**

Enfin, nous explorons comment la
"cortex" peut non seulement
protéger la création positive des
individus impliqués, mais aussi
contribuer positivement à la
société plus large. La "cortex"
peut devenir un phare
d'inspiration, démontrant
comment l'union consciente peut
conduire à des résultats durables
et des bénéfices étendus.

**Conclusions : La "Cortex"
Comme Gardienne du Bien
Commun :**

Nous concluons ce chapitre en
réfléchissant sur la "cortex"
comme un élément gardien du
bien commun. La création et le
maintien de cette "cortex"
nécessitent un engagement, une

conscience et des actions collectives. Lorsque les individus conscients de leur force s'unissent pour construire cette "cortex", ils deviennent les gardiens

Chapitre 9 :
Conclusions : La Force est en Toi

Nous arrivons au cœur de notre voyage, où nous consolidons les concepts fondamentaux et inspirons les lecteurs à reconnaître et cultiver la force qui réside en eux. Dans cette phase finale, nous examinerons comment chaque individu peut faire des choix qui contribuent au bien commun, façonnant ainsi un avenir positif.

Résumé des Concepts Clés :

• Force Individuelle Consciente : Nous avons exploré la force individuelle comme le résultat de choix, d'actions et de résultats positifs, soulignant l'importance de la conscience de soi et de la capacité de faire des choix éclairés.

• L'Illusion du Proverbe Populaire : Nous avons examiné de manière critique le dicton "L'union fait la force", reconnaissant que l'agrégation doit avoir lieu dans des contextes positifs et être guidée par des objectifs nobles pour éviter des conséquences négatives.

• Force comme Choix Conscient : Nous avons approfondi le concept que la véritable force réside dans la conscience de soi et dans la capacité de faire des choix conscients, éclairant ainsi le chemin vers une force authentique.

• Danger de l'Aggrégation Négative : Nous avons analysé comment l'agrégation négative peut conduire à des comportements destructeurs, comme la mafia mentale et les émotions négatives, soulignant la nécessité de se défendre contre de telles influences.

• Beauté de l'Union Positive :
Nous avons exploré comment
l'union guidée par des valeurs
nobles et des objectifs communs
peut être positive, contribuant au
bien commun et créant une
"cortex" qui protège la création
positive.

• Défense de la Force
Individuelle : Nous avons offert
des stratégies pour se défendre
contre les attaques des
agrégations négatives,
transformant l'énergie négative en
positive et en maintenant la force
individuelle intacte.

• Transformation de l'Énergie
Négative : Nous avons approfondi
la philosophie argentine de
transformer l'énergie négative en
positive, explorant comment cette
approche peut mener à des
victoires à long terme.

• Création de la Cortex : Nous
avons discuté de comment les

individus conscients de leur force peuvent s'unir pour créer une "cortex" qui protège l'avenir de leur création positive, en examinant les principes fondamentaux de sa construction.

Encourager la Découverte de la Force Intérieure :

La conclusion de ce voyage est une invitation à chaque lecteur à explorer la force en eux. La force n'est pas un don réservé à quelques-uns, mais un potentiel intrinsèque en chacun de nous. Nous encourageons les lecteurs à sonder en eux-mêmes, à reconnaître leurs capacités, à faire des choix éclairés et à poursuivre des résultats positifs.

Faire des Choix qui Contribuent au Bien Commun :

La force individuelle prend son sens lorsque nos actions contribuent au bien commun. Chaque choix, grand ou petit, a un impact. Nous encourageons les lecteurs à considérer comment leurs actions quotidiennes peuvent être une contribution positive au monde qui les entoure.

Soutenir et Inspirer les Autres :

La force individuelle peut être contagieuse. Nous encourageons les lecteurs à partager leur force avec les autres, à soutenir ceux qui en ont besoin et à être une source d'inspiration. De cette façon, la force se propage, créant un réseau de positivité qui englobe la communauté plus large.

Cultiver la Conscience et la Résilience :

La conscience de soi et la résilience sont les clés pour maintenir et cultiver la force intérieure. Nous invitons les lecteurs à pratiquer la conscience, à faire face aux défis avec résilience et à apprendre de leurs expériences, façonnant ainsi une force qui grandit avec le temps.

La Force est un Voyage, Pas une Destination :

Nous rappelons aux lecteurs que la force est un voyage continu, pas une destination. Chaque jour offre de nouvelles opportunités pour développer la force intérieure et contribuer au bien commun. Nous sommes les auteurs de notre histoire, et la force est la plume avec laquelle nous écrivons notre chemin.

Une Invitation à Être des Agents de Changement Positif :

Nous concluons ce chapitre et notre livre par une invitation à être des agents de changement positif. Chaque choix, chaque action peut être un pas vers un avenir meilleur. Que chaque lecteur se sente appelé à explorer

la force en lui et à contribuer au
bien commun, devenant ainsi un
phare lumineux dans l'immensité
de l'univers que nous partageons
tous. La force est en toi, prête à
éclairer ton chemin.

Conclusion : Illuminer le Chemin de la Force

Nous sommes arrivés à la fin de ce voyage à travers la force individuelle et l'union consciente. Dans ces pages, nous avons exploré la profonde vérité que "L'union fait la Carapace... La Force est là !" et découvert comment chacun de nous a le potentiel de contribuer à un avenir positif.

Le Pouvoir de Votre Force Intérieure :

Souvenez-vous toujours que la force est un don inhérent, une lumière qui réside en vous. Chaque choix, chaque action peut être guidé par cette force intérieure, façonnant votre chemin personnel.

La Beauté de l'Union Positive :

Nous avons exploré comment l'union peut être une force positive lorsqu'elle est guidée par des valeurs nobles. La "carapace" qui se crée à travers cette union devient la gardienne du bien commun, protégeant l'avenir de notre création positive.

Se Défendre et Transformer :

Vous avez appris à vous défendre contre les attaques des agrégations négatives, transformant l'énergie négative en un moteur de changement positif. Cette capacité de transformation est l'une de vos plus grandes forces.

Appel à l'Action :

Maintenant, l'appel à l'action est pour vous. Réfléchissez à ce que vous avez appris et intégrez ces concepts dans votre vie quotidienne. Soyez conscient de

vos choix, unissez-vous à ceux
qui partagent des valeurs nobles,
et contribuez au bien commun.
Le voyage de la force est un
chemin continu. Soyez les
architectes de votre destin et des
agents de changement positif
dans la société. Chaque pas que
vous faites est une contribution
au tissu plus large du bien
commun.

La Force est en Vous :

Enfin, souvenez-vous toujours
que la force est en vous. Soyez
une inspiration pour les autres,
diffusez la lumière de votre force
individuelle, et contribuez à créer
un avenir où chacun peut
prospérer.
Merci d'avoir été compagnons
dans ce voyage. Que la force soit
toujours votre phare, éclairant le
chemin de votre vie et inspirant
les autres à faire de même. Votre
voyage continue. La force est en
vous. Avancez avec courage !
Federico Carminati

www.ingramcontent.com/pod-product-compliance
Lightning Source LLC
Chambersburg PA
CBHW031329250726
48656CB00005B/2035